ESSENTIAL CHINESE GEOGRAPHY

BASIC FACTS

中国地理概况

学习简单的中国地理

QING QING JIANG

江清清

PREFACE

It's time to learn Chinese geography! China is so big!! Well, China is bigger than the USA, not just in terms of population, but in the area too! China has so many provinces, cities, rivers, mountains, lakes, and blah blah! There are so many things to learn about the Chinese geography. I am glad to bring you to Chinese Geography series. In this series, I'll introduce you to some of the most important and must-know topics from China's vast territory (中国地理的常识).

The books in Chinese Geography series contain numerous lessons in Mandarin Chinese. We start with a brief introduction of the book in the preface (前言) in Chinese and pinyin, a bit detailed introduction of the main theme (in English), and continue to dig the geography in different chapters. Each book contains 7 to 10 chapters made of simple Chinese sentences. For the readers' convenience, a comprehensive vocabulary (English, Chinese, and pinyin) has been provided at the beginning of each chapter. The pinyin for the Chinese text is provided after the main text. Further, to enforce a deeper Chinese learning, the English interpretation of the Chinese text has been deliberately excluded from the books. This would help the readers think deeply about the contents the way native Chinese do! In order to help the students of Mandarin Chinese remember important characters, words, long words, idioms, etc., these entities have been purposely repeated throughout the book, and across the books in the series. Taken together, the books in Chinese Geography series will tremendously help readers improve their Chinese, especially the reading skills.

If you have any questions, suggestions, and feedbacks, feel free to let me know in the review or comments.

You can find more about China and Chinese culture on my blog and Amazon homepage.

I blog at: **www.QuoraChinese.com**

-Qing Qing 江清清

©2023 Qing Qing Jiang

All rights reserved.

CHINESE GEOGRAPHY

SELF-LEARN READING

MANDARIN CHINESE, VOCABULARY,

EASY SENTENCES,

HSK ALL LEVELS

(PINYIN, SIMPLIFIED CHARACTERS)

ACKNOWLEDGMENTS

I am a blogger. It has been a long and interesting journey since I started blogging quite a few years ago.

The blogging passion enabled me to write useful contents. In particular, I have been writing about China, and its culture.

My passion in writing was supported by my friends, colleagues, and most importantly, the almighty.

I thank everyone for constantly inspiring me in my life endeavours.

CONTENTS

PREFACE 2
ACKNOWLEDGMENTS 4
CONTENTS 5
INTRODUCTION TO CHINESE GEOGRAPHY (中国地理的简介) 7
ADMINISTRATIVE REGIONS (省级行政区) 9
SHORT NAMES (简称) 11
GEOGRAPHICAL DIVISIONS (地理分区) 13
OVERVIEW OF CHINESE GEOGRAPHY (中国地理概述) 15
THE NORTH OF CHINA (中国的北方) 18
THE SOUTH OF CHINA (中国的南方) 23
EASTERN CHINA (中国东部) 28
WESTERN CHINA (中国西部) 40
FIVE MOUNTAINS IN CHINA (中国五大山脉) 48
TWO MAJOR RIVERS IN CHINA (中国两大河流) 52
CHINA'S CLIMATE (中国的气候) 56

前言

　　前言：想要了解一个国家，要先了解这个国家的地理，今天就让我们来了解一下中国地理。以下内容将分为八个板块来讲解，分别是中国地理概述，中国的北方，中国的南方，中国东部，中国西部，中国五大山脉，中国两大河流，中国的气候。你知道吗，中国的南北方和中国的东西部划分标准是不一样的，中国的南方和北方的划分依据是秦岭淮河一线，是自然的地理分界线，而东部和西部的划分则是通过地理位置和合省份的经济条件。中国的五大山脉其实就是指的东岳泰山，西岳华山，北岳恒山，中岳嵩山，南岳衡山。中国的两大河流指的则是长江和黄河。中国的气候一共有五种，想要知道具体的，那就一起往下看吧。

　　Xiǎng yào liǎo jiè yīgè guójiā, yào xiān liǎojiě zhège guójiā dì dìlǐ, jīntiān jiù ràng wǒmen lái liǎo jiè yīxià zhōngguó dìlǐ. Yǐxià nèiróng jiāng fēn wéi bā gè bǎnkuài lái jiǎngjiě, fēnbié shì zhōngguó dìlǐ gàishù, zhōngguó de běifāng, zhōngguó de nánfāng, zhōngguó dōngbù, zhōngguó xībù, zhōngguó wǔdà shānmài, zhōngguó liǎng dà héliú, zhōngguó de qìhòu. Nǐ zhīdào ma, zhōngguó de nánběifāng hé zhōngguó de dōngxībù huàfēn biāozhǔn shì bù yīyàng de, zhōngguó de nánfāng hé běi fāng de huàfēn yījù shì qínlǐng huáihé yīxiàn, shì zìrán dì dìlǐ fēn jièxiàn, ér dōngbù hé xī bù de huàfēn zé shì tōngguò dìlǐ wèizhì héhé shěngfèn de jīngjì tiáojiàn. Zhōngguó de wǔdà shānmài qíshí jiùshì zhǐ de dōng yuè tàishān, xīyuè huàshān, běiyuè héngshān, zhōngyuè sōngshān, nányuè héngshān. Zhōngguó de liǎng dà héliú zhǐ de zé shì chángjiāng hé huánghé. Zhōngguó de qìhòu yīgòng yǒu wǔ zhǒng, xiǎng yào zhīdào jùtǐ de, nà jiù yīqǐ wǎng xià kàn ba.

INTRODUCTION TO CHINESE GEOGRAPHY (中国地理的简介)

China is located in eastern Asia (亚洲东部), and the west coast of the Pacific Ocean (太平洋的西岸). China's territory is vast. With a total land area of about 9.6 million square kilometers, it is next only to Russia and Canada, ranking third in the world. In fact, China's territory is about the same size as the whole of Europe (欧洲).

The terrain of China is high in the west and low in the east, with a ladder-like distribution. This causes many Chinese rivers flow from the west to east. Mountains and plateaus cover a vast area of China. The distance between East and West is about 5,000 kilometers. China's continental coastline is more than 18,000 kilometers. The combination of diverse temperature and precipitation gives rise to a variety of climatic conditions.

China has a total of 34 provincial-level administrative units, including 23 provinces (省), 5 autonomous regions (自治区), 4 municipalities directly under the Central Government (直辖市), and 2 special administrative regions (特别行政区).

The prominent characteristics of Chinese population include a large population base, rapid population growth, and numerous nationalities.

Although China is rich in resources, a huge population base makes the per capita (人均) share of resources relatively small.

China is often broadly divided into four geographical parts: Northern Region (北方地区), Southern Region (南方地区), Northwest Region (西北地区), and Qinghai-Tibet region (青藏地区).

Well, China's vast land -- due to the different geographical location and natural conditions, as well as cultural and economic characteristics -- can be divided into three natural regions: the Eastern Monsoon Region (东部季风区), the Northwest Arid and Semi-arid Region (西北干旱半干旱区), and the Qinghai Tibet Alpine Region (青藏高寒区). However, due to the great difference between North and South latitudes, the Eastern Monsoon Region can be divided into North and South regions. Therefore, China can be divided into four parts: Northern Region, Southern Region, Northwest Region, and Qinghai-Tibet region.

The dividing line between the Northern Region and the Southern Region is formed by the Qinling Mountains (秦岭) and the Huaihe River (淮河).

The Greater Xing'an Mountains (大兴安岭山脉) -Yinshan Mountains (阴山山脉) - Helan Mountains (贺兰山脉) form the dividing line between the Northern Region and the Northwestern Region.

The boundary between Qinghai-Tibet and other regions includes Kunlun Mountains (昆仑山脉) - Altun Mountains (阿尔金山脉) - Qilian Mountains (祁连山脉) - Hengduan Mountains (横断山脉).

ADMINISTRATIVE REGIONS (省级行政区)

	Names	省级行政区	Shěng jí xíngzhèngqū
1	Beijing	北京市	Běijīng shì
2	Hebei Province	河北省	Héběi shěng
3	Inner Mongolia Autonomous Region	内蒙古自治区	Nèiménggǔ zìzhìqū
4	Jilin Province	吉林省	Jílín shěng
5	Shanghai	上海市	Shànghǎi shì
6	Zhejiang Province	浙江省	Zhèjiāng shěng
7	Fujian Province	福建省	Fújiàn shěng
8	Shandong Province	山东省	Shāndōng shěng
9	Hubei province	湖北省	Húběi shěng
10	Guangdong Province	广东省	Guǎngdōng shěng
11	Hainan	海南省	Hǎinán shěng
12	Sichuan Province	四川省	Sìchuān shěng
13	Yunnan Province	云南省	Yúnnán shěng
14	Shaanxi Province	陕西省	Shǎnxī shěng
15	Qinghai Province	青海省	Qīnghǎi shěng
16	Xinjiang Uygur Autonomous Region	新疆维吾尔自治区	Xīnjiāng wéiwú'ěr zìzhìqū
17	Macao Special Administrative Region	澳门特别行政区	Àomén tèbié xíngzhèngqū
18	Tianjin	天津市	Tiānjīn shì

19	Shanxi Province	山西省	Shānxī shěng
20	Liaoning Province	辽宁省	Liáoníng shěng
21	Heilongjiang Province	黑龙江省	Hēilóngjiāng shěng
22	Jiangsu Province	江苏省	Jiāngsū shěng
23	Anhui Province	安徽省	Ānhuī shěng
24	Jiangxi Province	江西省	Jiāngxī shěng
25	Henan Province	河南省	Hénán shěng
26	Hunan Province	湖南省	Húnán shěng
27	Guangxi Zhuang Autonomous Region	广西壮族自治区	Guǎngxī zhuàngzú zìzhìqū
28	Chongqing City	重庆市	Chóngqìng shì
29	Guizhou Province	贵州省	Guìzhōu shěng
30	Tibet Autonomous Region	西藏自治区	Xīzàng zìzhìqū
31	Gansu Province	甘肃省	Gānsù shěng
32	Ningxia Hui Autonomous Region	宁夏回族自治区	Níngxià huízú zìzhìqū
33	Hong Kong Special Administrative Region	香港特别行政区	Xiānggǎng tèbié xíngzhèngqū
34	Taiwan Province	台湾省	Táiwān shěng

SHORT NAMES (简称)

	Name	简称	Jiǎnchēng	行政中心
1	Beijing	京	Jīng	北京
2	Hebei Province	冀	Jì	石家庄
3	Inner Mongolia Autonomous Region	内蒙古	Nèi méng gǔ	呼和浩特
4	Jilin Province	吉	Jí	长春
5	Shanghai	沪	Hù	上海
6	Zhejiang Province	浙	Zhè	杭州
7	Fujian Province	闽	Mǐn	福州
8	Shandong Province	鲁	Lǔ	济南
9	Hubei province	鄂	È	武汉
10	Guangdong Province	粤	Yuè	广州
11	Hainan	琼	Qióng	海口
12	Sichuan Province	川、蜀	Chuān, shǔ	成都
13	Yunnan Province	滇、云	Diān, yún	昆明
14	Shaanxi Province	陕、秦	Shǎn, qín	西安
15	Qinghai Province	青	Qīng	西宁
16	Xinjiang Uygur Autonomous Region	新	Xīn	乌鲁木齐
17	Macao Special Administrative Region	澳	Ào	澳门
18	Tianjin	津	Jīn	天津
19	Shanxi Province	晋	Jìn	太原
20	Liaoning Province	辽	Liáo	沈阳
21	Heilongjiang Province	黑	Hēi	哈尔滨
22	Jiangsu Province	苏	Sū	南京

23	Anhui Province	皖	Wǎn	合肥
24	Jiangxi Province	赣	Gàn	南昌
25	Henan Province	豫	Yù	郑州
26	Hunan Province	湘	Xiāng	长沙
27	Guangxi Zhuang Autonomous Region	桂	Guì	南宁
28	Chongqing City	渝	Yú	重庆
29	Guizhou Province	黔、贵	Qián, guì	贵阳
30	Tibet Autonomous Region	藏	Cáng	拉萨
31	Gansu Province	甘、陇	Gān, lǒng	兰州
32	Ningxia Hui Autonomous Region	宁	Níng	银川
33	Hong Kong Special Administrative Region	港	Gǎng	香港
34	Taiwan Province	台	Tái	台北

GEOGRAPHICAL DIVISIONS (地理分区)

1	North China	华北地区	Huáběi dìqū	北京市、天津市、河北省、山西省、内蒙古自治区
2	Northeast China	东北地区	Dōngběi dìqū	辽宁省、吉林省、黑龙江省
3	East China	华东地区	Huádōng dìqū	上海市、江苏省、浙江省、安徽省、福建省、江西省、山东省、台湾省
4	Central China	华中地区	Huázhōng dìqū	河南省、湖北省、湖南省
5	South China	华南地区	Huánán dìqū	广东省、广西壮族自治区、海南省、香港特别行政区、澳门特别行政区
6	Southwest China	西南地区	Xīnán dìqū	重庆市、四川省、贵州省、云南省、西藏自治区
7	Northwest China	西北地区	Xīběi dìqū	陕西省、甘肃省、青海省、宁夏回族自治区、新疆维吾尔自治区

1	北京市、天津市、河北省、山西省、内蒙古自治区	Běijīng Shì, Tiānjīn Shì, Héběi Shěng, Shānxī Shěng, Nèiménggǔ Zìzhìqū	Beijing, Tianjin, Hebei, Shanxi and Inner Mongolia Autonomous Region
2	辽宁省、吉林省、黑龙江省	Liáoníng Shěng, Jílín Shěng,	Liaoning Province, Jilin Province, Heilongjiang

		Hēilóngjiāng Shěng	Province
3	上海市、江苏省、浙江省、安徽省、福建省、江西省、山东省、台湾省	Shànghǎi Shì, Jiāngsū Shěng, Zhèjiāng Shěng, Ānhuī Shěng, Fújiàn Shěng, Jiāngxī Shěng, Shāndōng Shěng, Táiwān Shěng	Shanghai, Jiangsu, Zhejiang, Anhui, Fujian, Jiangxi, Shandong and Taiwan
4	河南省、湖北省、湖南省	Hénán Shěng, Húběi Shěng, Húnán Shěng	Henan Province, Hubei Province, Hunan Province
5	广东省、广西壮族自治区、海南省、香港特别行政区、澳门特别行政区	Guǎngdōng Shěng, Guǎngxī Zhuàngzú Zìzhìqū, Hǎinán Shěng, Xiānggǎng Tèbié Xíngzhèngqū, Àomén Tèbié Xíngzhèngqū	Guangdong Province, Guangxi Zhuang Autonomous Region, Hainan Province, Hong Kong Special Administrative Region and Macao Special Administrative Region
6	重庆市、四川省、贵州省、云南省、西藏自治区	Chóngqìng Shì, Sìchuān Shěng, Guìzhōu Shěng, Yúnnán Shěng, Xīzàng Zìzhìqū	Chongqing, Sichuan, Guizhou, Yunnan and Tibet Autonomous Region
7	陕西省、甘肃省、青海省、宁夏回族自治区、新疆维吾尔自治区	Shǎnxī Shěng, Gānsù Shěng, Qīnghǎi Shěng, Níngxià Huízú Zìzhìqū, Xīnjiāng Wéiwú'ěr Zìzhìqū	Shaanxi Province, Gansu Province, Qinghai Province, Ningxia Hui Autonomous Region and Xinjiang Uygur Autonomous Region

OVERVIEW OF CHINESE GEOGRAPHY (中国地理概述)

1	板块	Bǎnkuài	Plate
2	接壤	Jiērǎng	Border on; be contiguous to
3	幅员辽阔	Fúyuán liáokuò	Vast in territory; a vast territory
4	南北	Nánběi	North and south; from north to south
5	跨度	Kuàdù	Span; cut bay; fly-past; skip distance
6	陆地	Lùdì	Dry land; land; terrace; earth
7	总面积	Zǒng miànjī	Gross area
8	千米	Qiān mǐ	Kilometer
9	海域	Hǎiyù	Sea area; maritime space
10	海洋资源	Hǎiyáng zīyuán	Marine resources; ocean resources
11	世界上	Shìjiè shàng	On earth
12	排名	Páimíng	List names by seniority/position; rank
13	仅次于	Jǐn cì yú	Second only to
14	很明显	Hěn míngxiǎn	It is obvious that; Obviously; It's obvious
15	下蛋	Xiàdàn	Deposit; lay eggs
16	公鸡	Gōngjī	Cock; rooster
17	十四	Shí sì	Fourteen
18	五分之一	Wǔ fēn zhī yī	One fifth
19	庞大	Pángdà	Huge; enormous; colossal; massive
20	分界线	Fēnjièxiàn	Line of demarcation; boundary; divide

21	分界	Fēn jiè	Have as the boundary; be demarcated by
22	一共	Yīgòng	Altogether; in all; all told
23	行政区	Xíngzhèngqū	District; administrative area; administrative division; administrative region
24	直辖市	Zhíxiáshì	Municipality directly under the Central Government (i.e. Beijing, Shanghai, Tianjin, and Chongqing)
25	自治区	Zìzhìqū	Autonomous region
26	特别行政区	Tèbié xíng zhèng qū	Special administrative region; special administrative zone
27	应有尽有	Yīngyǒu jìnyǒu	Have everything that one expects to find

Chinese (中文)

中国位于亚欧板块，亚洲的东部，与 14 个国家接壤。中国是一个幅员辽阔的国家，东西和南北跨度都很长，陆地总面积达到 960 万平方千米，海域面积很大，海洋资源也十分丰富。总面积在世界上排名第三，仅次于俄罗斯和美国。在地图上，可以很明显地看到中国的形状像一个下蛋的公鸡。在面积上，中国位于世界第三，但在人口上，中国位于世界第一，达到十四亿多。要知道，世界总人口才七十七亿多，中国的人口直接占了世界总人口的大约五分之一，可见人口之庞大。中国的人口分界线以黑河-腾冲为分界，此线以东人口密集，此线以西人口稀疏。中国一共有 34 个省级行政区，其中有 23 个省，4 个直辖市，5 个自治区，两个特别行政区。

中国地形类型多样，地形条件复杂，山地，平原，盆地，高原应有尽有。总体地形西高东低，呈阶梯状分布。

Pinyin (拼音)

Zhōngguó wèiyú yà ōu bǎnkuài, yàzhōu de dōngbù, yǔ 14 gè guójiā jiērǎng. Zhōngguó shì yīgè fúyuán liáokuò de guójiā, dōngxī hé nánběi kuàdù dōu hěn zhǎng, lùdì zǒng miànjī dádào 960 wàn píngfāng qiān mǐ, hǎiyù miànjī hěn dà, hǎiyáng zīyuán yě shífēn fēngfù. Zǒng miànjī zài shìjiè shàng páimíng dì sān, jǐn cì yú èluósī hé měiguó. Zài dìtú shàng, kěyǐ hěn míngxiǎn de kàn dào zhōngguó de xíngzhuàng xiàng yīgè xiàdàn de gōngjī. Zài miànjī shàng, zhōngguó wèiyú shìjiè dì sān, dàn zài rénkǒu shàng, zhōngguó wèiyú shìjiè dì yī, dádào shísì yì duō. Yào zhīdào, shìjiè zǒng rénkǒu cái qīshíqī yì duō, zhōngguó de rénkǒu zhíjiē zhànle shìjiè zǒng rénkǒu de dàyuē wǔ fēn zhī yī, kějiàn rénkǒu zhī pángdà. Zhōngguó de rénkǒu fēnjièxiàn yǐ hēihé-téngchōng wèi fēn jiè, cǐ xiàn yǐ dōng rénkǒu mìjí, cǐ xiàn yǐxī rénkǒu xīshū. Zhōngguó yīgòng yǒu 34 gè shěng jí xíngzhèngqū, qízhōng yǒu 23 gè shěng,4 gè zhíxiáshì,5 gè zìzhìqū, liǎng gè tèbié xíngzhèngqū. Zhōngguó dìxíng lèixíng duōyàng, dìxíng tiáojiàn fùzá, shāndì, píngyuán, péndì, gāoyuán yīngyǒujìnyǒu. Zǒngtǐ dìxíng xīgāo dōng dī, chéng jiētī zhuàng fēnbù.

THE NORTH OF CHINA (中国的北方)

1	秦岭	Qínlǐng	Qinling mountains
2	淮河	Huáihé	Huai River
3	青藏高原	Qīngzàng gāoyuán	Qinghai-Tibet Plateau (located in southwest China)
4	行政区	Xíng zhèng qū	District; administrative area; administrative division; administrative region
5	黑龙江	Hēilóng jiāng	The Heilongjiang River
6	辽宁	Liáoníng	Liaoning
7	吉林	Jílín	Jilin
8	甘肃	Gānsù	Gansu
9	安徽	Ānhuī	Anhui
10	北方	Běifāng	North; the northern part of the country
11	平原	Píngyuán	Plain; flat country
12	东北平原	Dōngběi píngyuán	The Northeast China plain
13	华北平原	Huáběi píngyuán	The North China Plain; Northeast China Plain; Northern China Plain
14	高原	Gāoyuán	Continental plateau; plateau; highland; tableland
15	山地	Shāndì	Mountainous region; hilly area; hilly country; fields on a hill
16	黄土高原	Huángtǔ gāoyuán	Loess plateau
17	农作物	Nóng zuòwù	Crops

18	尤其是	Yóuqí shì	In particular; the more so; to crown all
19	大米	Dàmǐ	Rice
20	谷子	Gǔzi	Millet; foxtail millet; unhusked rice
21	出名	Chūmíng	Famous; well-known
22	可能会	Kěnéng huì	Likely; may
23	严寒	Yánhán	Severe cold; bitter cold
24	细心	Xìxīn	Careful; attentive
25	寒冷	Hánlěng	Cold; frigid; chill; frigidity
26	有机物	Yǒujīwù	Organic matter; organic substance
27	黑土	Hēitǔ	Black earth; black soil
28	肥沃	Féiwò	Fertile; rich
29	有助于	Yǒu zhù yú	Contribute to; be conducive to; conduce to
30	集中在	Jízhōng zài	Center at
31	华北平原	Huáběi píngyuán	The North China Plain; Northeast China Plain; Northern China Plain
32	华北	Huáběi	North China
33	大面积	Dà miànjī	Large tracts of land; large area
34	不仅如此	Bùjǐn rúcǐ	Not only that; nor is this all; nay; Not only that; More Than That
35	矿产资源	Kuàngchǎn zīyuán	Mineral resources; ore resources
36	森林资源	Sēnlín zīyuán	Forest reserves, timber resource
37	河北	Héběi	Hebei

38	被称为	Bèi chēng wèi	Known as; be known as; be called
39	内蒙古	Nèiménggǔ	Inner Mongolia
40	风力	Fēnglì	Wind-force; wind power
41	资源	Zīyuán	Natural resources; resource
42	充足	Chōngzú	Adequate; sufficient; abundant; ample
43	还可以	Hái kěyǐ	Not bad; passable; in addition
44	利用	Lìyòng	Use; utilize; make use of; take advantage of
45	进行	Jìnxíng	Be in progress; be underway; go on; carry on
46	发电	Fādiàn	Electric power generation

Chinese (中文)

位置：北方地区位于秦岭淮河一线以北，内蒙古高原以南，青藏高原以东的广大区域。

从行政区的划分上来看，北方地区包括黑龙江，辽宁，吉林，河北，山东，河南，北京，天津，河北，山西，内蒙古，甘肃东部，安徽北部，江苏北部。

面积人口：中国的北方地区面积大约占到全国面积的五分之一，人口大约是六万多。

地形：中国北方的地形主要以平原为主，代表地形区有东北平原，华北平原，除了平原外，北方还有高原和山地，比如黄土高原，大兴安岭，小兴安岭。

资源：北方地区的气候特点是雨热同期，十分适合农作物生长，北方的很多地方都是产粮大省，尤其是东北三省，黑龙江，吉林等地，这些地方的大米，谷子，玉米，大豆等农作物在全国都是十分出名的，而且这些地区地少人多，适合大规模的机械化耕作。有人可能会想，东北天气那么严寒，怎么农作物还生长得那么好呢，细心思考便可以知道，北方虽然天气比较寒冷，但正因如此，农作物的生长周期特别长，有机物积累的特别多，别的地方一年可以有几熟，东北只有一年一熟，所以粮食都特别优质。还有一个很重要的原因，东北地区的黑土十分肥沃，而且河流众多，有助于农作物的生长，正所谓一方水土养一方人。除去丰富的农作物，北方还富有丰富的水果资源，如苹果，梨，桃，杏，大部分主要集中在华北平原，而且华北平原面积广大，适合大面积种植，不仅如此，北方还富有丰富的矿产资源，东北有丰富的煤炭，石油，森林资源，河北也被称为煤炭大省，内蒙古等地的风力资源也很充足，还可以利用风力进行发电。

Pinyin (拼音)

Wèizhì: Běifāng dìqū wèiyú qínlǐng huáihé yīxiàn yǐ běi, nèiménggǔ gāoyuán yǐ nán, qīngzàng gāoyuán yǐ dōng de guǎngdà qūyù.

Cóng xíngzhèngqū de huàfēn shànglái kàn, běifāng dìqū bāokuò hēilóngjiāng, liáoníng, jílín, héběi, shāndōng, hénán, běijīng, tiānjīn, héběi, shānxī, nèiménggǔ, gānsù dōngbù, ānhuī běibù, jiāngsū běibù.

Miànjī rénkǒu: Zhōngguó de běifāng dìqū miànjī dàyuē zhàn dào quánguó miànjī de wǔ fēn zhī yī, rénkǒu dà yuē shì liù wàn duō.

Dìxíng: Zhōngguó běifāng dì dìxíng zhǔyào yǐ píngyuán wéi zhǔ, dàibiǎo dìxíng qū yǒu dōngběi píngyuán, huáběi píngyuán, chúle píngyuán wài, běifāng hái yǒu gāoyuán hé shāndì, bǐrú huángtǔ gāoyuán, dàxīng'ānlǐng, xiǎoxìng'ānlǐng.

Zīyuán: Běifāng dìqū de qìhòu tèdiǎn shì yǔ rè tóngqí, shífēn shìhé nóngzuòwù shēngzhǎng, běifāng de hěnduō dìfāng dōu shì chǎn liáng dà shěng, yóuqí shì dōngběi sānshěng, hēilóngjiāng, jílín děng dì, zhèxiē dìfāng de dàmǐ, gǔzi, yùmǐ, dàdòu děng nóngzuòwù zài quánguó dū shì shífēn chūmíng de, érqiě zhèxiē dìqū de shǎo rén duō, shìhé dà guīmó de jīxièhuà gēngzuò. Yǒurén kěnéng huì xiǎng, dōngběi tiānqì nàme yánhán, zěnme nóngzuòwù hái shēngzhǎng dé nàme hǎo ne, xìxīn sīkǎo biàn kěyǐ zhīdào, běifāng suīrán tiānqì bǐjiào hánlěng, dàn zhèng yīn rúcǐ, nóngzuòwù de shēngzhǎng zhōuqí tèbié zhǎng, yǒujīwù jīlěi de tèbié duō, bié dì dìfāng yī nián kěyǐ yǒu jǐ shú, dōngběi zhǐyǒu yī nián yī shú, suǒyǐ liángshí dōu tèbié yōuzhì. Hái yǒu yīgè hěn zhòngyào de yuányīn, dōngběi dìqū de hēitǔ shífēn féiwò, érqiě héliú zhòngduō, yǒu zhù yú nóngzuòwù de shēngzhǎng, zhèng suǒwèi yīfāng shuǐtǔ yǎng yīfāng rén. Chùqú fēngfù de nóngzuòwù, běifāng hái fùyǒu fēngfù de shuǐguǒ zīyuán, rú píngguǒ, lí, táo, xìng, dà bùfèn zhǔyào jízhōng zài huáběi píngyuán, érqiě huáběi píngyuán miànjī guǎngdà, shìhé dà miànjī zhòngzhí, bùjǐn rúcǐ, běifāng hái fùyǒu fēngfù de kuàngchǎn zīyuán, dōngběi yǒu fēngfù de méitàn, shíyóu, sēnlín zīyuán, héběi yě bèi chēng wèi méitàn dà shěng, nèiménggǔ děng dì de fēnglì zīyuán yě hěn chōngzú, hái kěyǐ lìyòng fēnglì jìnxíng fādiàn.

THE SOUTH OF CHINA (中国的南方)

1	在北方	Zài běifāng	(In the) north
2	也就是	Yě jiùshì	Namely; i.e.; that is
3	秦岭	Qínlǐng	Qinling mountains
4	淮河	Huáihé	Huai river
5	澳门	Àomén	Macao; Macau
6	海南	Hǎinán	Hainan
7	贵州	Guìzhōu	Guizhou
8	福建	Fújiàn	Fujian
9	江西	Jiāngxī	Jiangxi
10	湖南	Húnán	Hunan
11	湖北	Húběi	Hubei
12	四川	Sìchuān	Sichuan
13	安徽	Ānhuī	Anhui
14	江苏	Jiāngsū	Jiangsu
15	中南部	Zhōng nánbù	Middle South region
16	浙江	Zhèjiāng	Zhejiang
17	总面积	Zǒng miànjī	Gross area
18	四分之一	Sì fēn zhī yī	One fourth; quarter; a quarter; one quarter
19	地势	Dìshì	Physical features of a place; relief; terrain; topography
20	依次	Yīcì	In proper order; successively; in proper sequence
21	丘陵	Qiūlíng	Hills
22	云贵高原	Yúnguì gāoyuán	The Yunnan-Guizhou Plateau
23	递减	Dìjiǎn	Decrease progressively;

			decrease by degrees; reduce progressively
24	农作物	Nóngzuòwù	Crops
25	得天独厚	Détiān dúhòu	Be richly endowed by nature
26	平原	Píngyuán	Plain
27	灌溉	Guàngài	Irrigate; irrigation; watering
28	尤其是	Yóuqí shì	In particular; the more so; to crown all
29	长江三角洲	Chángjiāng sānjiǎozhōu	Yangtze River delta
30	珠江三角洲	Zhūjiāng sānjiǎozhōu	Pearl delta; Pearl River Delta
31	商品粮基地	Shāngpǐn liáng jīdì	Commercial grain base; area specialized in the production of commercial grain
32	甘蔗	Gānzhè	Sugarcane
33	油菜	Yóucài	Rape
34	棉花	Miánhuā	Cotton
35	工业基地	Gōngyè jīdì	Industrial base; industry base
36	综合征	Zònghé zhēng	Syndrome
37	轻工业	Qīnggōngyè	Light industry
38	水能	Shuǐ néng	Hydroenergy
39	核能	Hénéng	Nuclear power; energy of nucleus; nuclear energy
40	有色金属	Yǒusè jīnshǔ	Nonferrous; non-ferrous metal; nonferrous metal; nonferrous metals
41	便捷	Biànjié	Convenient; Convenient;

			Convenience; convenient and fast
42	旅游资源	Lǚyóu zīyuán	Tourism resources; tourist resources; Resource
43	旅游业	Lǚyóu yè	Tourism; tourist industry
44	杭州	Hángzhōu	Hangzhou
45	西湖	Xīhú	West Lake (in Hangzhou)
46	九寨沟	Jiǔzhàigōu	Jiuzaigou; Jiuzhai valley
47	庐山	Lúshān	Lushan mountain
48	桂林	Guìlín	Guilin (in Guangxi)
49	丽江古城	Lìjiāng gǔchéng	Old Town of Lijiang; Lijiang Old Town; The Old Town of Lijiang
50	节假日	Jiéjiàrì	Festival and holiday; red-letter day
51	旅游景点	Lǚyóu jǐngdiǎn	Tourist attraction; tourist attractions; scenic spot
52	人山人海	Rénshān rénhǎi	Huge crowds of people; a sea of people

Chinese (中文)

位置：南方地区就在北方地区之下，也就是秦岭淮河一线以南，青藏高原以东。按照行政区域划分的话，南方地区主要包括广东，香港，澳门广西，云南，海南，贵州，福建，台湾，江西，湖南，湖北，四川，重庆，西藏，安徽大部，江苏中南部，浙江，上海。

面积人口：南方地区的面积大约是中国总面积的四分之一，但是人口占到全国的将近一半，可见南方人口的密集。

地形：南方地区地势西高东低，从西向东依次是高原，丘陵盆地，平原。主要的地形区有云贵高原，四川盆地，长江中下游平原，地势逐渐递减。

资源：南方地区的农业也十分发达，而且南方种植农作物有得天独厚的优势，首先，南方的气候条件十分好，适宜的温度，充足的降水，其次，南方地区平原面积广大，适合种植农作物，而且南方地区河流众多，有足够的灌溉资源，尤其是长江三角洲，珠江三角洲地区，是重要的商品粮基地，主要的农作物有水稻，甘蔗，油菜，棉花等。沪宁杭工业基地是全国最大的综合征工业基地，珠江三角洲是全国的轻工业的工业基地。富含水能，核能，有色金属，煤炭，钢铁等工业资源，资源十分丰富，工业十分发达，而且便捷的交通也进一步促进了工业的发展。南方的旅游资源十分丰富，旅游业也十分发达，为人熟知的有杭州西湖，四川九寨沟，江西庐山，桂林山水，丽江古城，每到节假日，这些旅游景点便会人山人海。

Pinyin (拼音)

Wèizhì: Nánfāng dìqū jiù zài běifāng dìqū zhī xià, yě jiùshì qínlǐng huáihé yīxiàn yǐ nán, qīngzàng gāoyuán yǐ dōng. Ànzhào xíngzhèng qūyù huàfēn dehuà, nánfāng dìqū zhǔyào bāokuò guǎngdōng, xiānggǎng, àomén guǎngxī, yúnnán, hǎinán, guìzhōu, fújiàn, táiwān, jiāngxī, húnán, húběi, sìchuān, chóngqìng, xīzàng, ānhuī dà bù, jiāngsū zhōng nánbù, zhèjiāng, shànghǎi.

Miànjī rénkǒu: Nánfāng dìqū de miànjī dàyuē shì zhōngguó zǒng miànjī de sì fēn zhī yī, dànshì rénkǒu zhàn dào quánguó de jiāngjìn yībàn, kějiàn nánfāng rénkǒu de mìjí.

Dìxíng: Nánfāng dìqū dìshì xīgāo dōng dī, cóng xīxiàng dōng yīcì shì gāoyuán, qiūlíng péndì, píngyuán. Zhǔyào dì dìxíng qū yǒu yúnguì gāoyuán, sìchuān péndì, chángjiāng zhōng xiàyóu píngyuán, dìshì zhújiàn dìjiǎn.

Zīyuán: Nánfāng dìqū de nóngyè yě shífēn fādá, érqiě nánfāng zhòngzhí nóngzuòwù yǒu détiāndúhòu de yōushì, shǒuxiān, nánfāng de qìhòu tiáojiàn shífēn hǎo, shìyí de wēndù, chōngzú de jiàngshuǐ, qícì, nánfāng dìqū píngyuán miànjī guǎngdà, shìhé zhòngzhí nóngzuòwù, érqiě nánfāng dìqū héliú zhòngduō, yǒu zúgòu de guàngài zīyuán, yóuqí shì chángjiāng sānjiǎozhōu, zhūjiāng sānjiǎozhōu dìqū, shì zhòngyào de shāngpǐnliáng jīdì, zhǔyào de nóngzuòwù yǒu shuǐdào, gānzhè, yóucài, miánhuā děng. Hù níng háng gōngyè jīdì shì quánguó zuìdà de zònghé zhēng gōngyè jīdì, zhūjiāng sānjiǎozhōu shì quánguó de qīnggōngyè de gōngyè jīdì. Fù hán shuǐ néng, hénéng, yǒusè jīnshǔ, méitàn, gāngtiě děng gōngyè zīyuán, zīyuán shífēn fēngfù, gōngyè shífēn fādá, érqiě biànjié de jiāotōng yě jìnyībù cùjìnle gōngyè de fǎ zhǎn. Nánfāng de lǚyóu zīyuán shífēn fēngfù, lǚyóu yè yě shífēn fādá, wéirén shúzhī de yǒu hángzhōu xīhú, sìchuān jiǔzhàigōu, jiāngxī lúshān, guìlín shānshuǐ, lìjiāng gǔchéng, měi dào jiéjiàrì, zhèxiē lǚyóu jǐngdiǎn biàn huì rénshānrénhǎi.

EASTERN CHINA (中国东部)

1	中国东部	Zhōngguó dōngbù	Eastern China; East China
2	沿海地区	Yánhǎi dìqū	Coastal areas; coastland
3	福建	Fújiàn	Fujian
4	经济中心	Jīngjì zhōngxīn	Economic center
5	北京市	Běijīng shì	Beijing; Beijing city; Beijing municipality
6	文化中心	Wénhuà zhōngxīn	Cultural center
7	悠久的历史	Yōujiǔ de lìshǐ	Long history; With a long history; Cherished History
8	古都	Gǔdū	Ancient capital
9	天安门	Tiān'ānmén	Tian an men
10	颐和园	Yíhéyuán	The Summer Palace
11	圆明园	Yuánmíng yuán	Imperial garden and palace burnt by British/French troops in 1860
12	学府	Xuéfǔ	Seat of learning; institution of higher learning
13	北京大学	Běijīng dàxué	Peking university; Beijing University; PKU
14	清华大学	Qīnghuá dàxué	Tsinghua university
15	坐落于	Zuòluò yú	Site; be located in; situated in; Site
16	源源不断	Yuányuán bùduàn	Continuously; in a steady stream
17	天津市	Tiānjīn shì	Tianjin
18	天津	Tiānjīn	Tianjin
19	悠久的历史	Yōujiǔ de lìshǐ	Long history; With a long

			history; Cherished History
20	沿海城市	Yánhǎi chéngshì	Coastal cities
21	大运河	Dà yùnhé	The Grand Canal
22	交通枢纽	Jiāotōng shūniǔ	Hub of communication
23	沿海开放城市	Yánhǎi kāifàng chéngshì	Open coastal city
24	对外开放	Duìwài kāifàng	Be open to the general public or outside world; (the policy of) opening to the outside world; the open policy
25	经济发展	Jīngjì fāzhǎn	Economic development
26	河北省	Héběi shěng	Hebei province; Hebei
27	在古代	Zài gǔdài	In ancient times; in the old days
28	河北	Héběi	Hebei
29	战略要地	Zhànlüè yào dì	Strategic area; important strategic point
30	历代	Lìdài	Successive dynasties; past dynasties
31	沿用	Yányòng	Continue to use
32	许许多多	Xǔ xǔduō duō	Lots and lots of
33	名胜古迹	Míngshèng gǔjī	Places of historic interest and scenic beauty; famous historic and cultural sites; famous places of interest and relics of olden times; places of historic interest
34	赵州桥	Zhào zhōu qiáo	The Zhaozhou bridge
35	山东省	Shāndōng shěng	Shandong province

36	省会城市	Shěnghuì chéngshì	Provincial capital city
37	济南	Jǐnán	Jinan
38	得天独厚	Détiān dúhòu	Be richly endowed by nature; abound in gifts of nature
39	地理位置	Dìlǐ wèizhì	Geographical situation; geographic location
40	内水	Nèi shuǐ	Inland waters
41	矿产资源	Kuàngchǎn zīyuán	Mineral resources; ore resources
42	富饶	Fùráo	Richly endowed; fertile; abundant; rich
43	故乡	Gùxiāng	Native place; hometown; birthplace
44	文化底蕴	Wénhuà dǐyùn	Cultural deposits
45	江苏省	Jiāngsū shěng	Jiangsu province
46	江苏	Jiāngsū	Jiangsu
47	常住人口	Chángzhù rénkǒu	Permanent resident population; de jure population; inhabitant
48	经济力量	Jīngjì lìliàng	Economic strength
49	小觑	Xiǎo qù	Look at with contempt
50	南京大学	Nánjīng dàxué	Nanjing university
51	东南大学	Dōngnán dàxué	Southeast university
52	在未来	Zài wèilái	In the future; in future; In the next; Into the future
53	更进一步	Gèng jìnyībù	Further; furthermore; still further
54	上海	Shànghǎi	Shanghai
55	简称	Jiǎnchēng	The abbreviated form of a name; abbreviation; shorter

			form
56	平方公里	Píngfāng gōnglǐ	Square kilometer
57	密集	Mìjí	Concentrated; crowded together; dense; close
58	世界上	Shìjiè shàng	On earth
59	最多	Zuìduō	At most; maximum
60	国际化	Guójì huà	Internationalize; internationalization
61	大都市	Dà dūshì	Large city; metropolis
62	西湖	Xīhú	West Lake (in Hangzhou)
63	盛名	Shèng míng	Great reputation
64	旅游景点	Lǚyóu jǐngdiǎn	Tourist attraction; tourist attractions; scenic spot
65	钱塘江	Qiántáng jiāng	The Qiantang River
66	得名	Dé míng	Get a name; be named
67	历史上	Lìshǐ shàng	Historically; in history
68	森林覆盖率	Sēnlín fùgài lǜ	Percentage of forest cover
69	福建省	Fújiàn shěng	Fujian; Fujian province
70	福州	Fúzhōu	Fuzhou
71	回族	Huízú	The Hui nationality
72	高山族	Gāoshān zú	The Gaoshan nationality
73	地方特色	Dìfāng tèsè	Local color; FEATURE; Local features
74	旅游城市	Lǚyóu chéngshì	Tourist city; tourism city; Travelocity
75	鼓浪屿	Gǔlàngyǔ	Xiamen; Gulangyu Islet; Gulang Island
76	厦门大学	Xiàmén dàxué	Xiamen university
77	台湾省	Táiwān shěng	Taiwan province
78	台北	Táiběi	Taipei (capital of Taiwan Province)

79	不可否认	Bùkě fǒurèn	Undeniable
80	自古以来	Zìgǔ yǐlái	From ancient times to the present; down the ages; from everlasting; from the old
81	一部分	Yībùfèn	A part; a portion
82	不可分割	Bùkě fēngē	Indivisible; inseparable
83	广东省	Guǎngdōng shěng	Guangdong province
84	尤其是	Yóuqí shì	In particular; the more so; to crown all
85	珠江三角洲	Zhūjiāng sānjiǎozhōu	Pearl delta; Pearl River Delta
86	特别行政区	Tèbié xíng zhèng qū	Special administrative region; special administrative zone
87	内陆	Nèi lù	Inland; interior; landlocked
88	不一样	Bù yīyàng	Different; unlike; Not the same
89	一国两制	Yīguó liǎngzhì	One nation, two systems; the "one country, two systems" policy
90	社会主义制度	Shèhuì zhǔyì zhìdù	Socialist system
91	资本主义制度	Zīběn zhǔyì zhìdù	Capitalist system; capitalistic system
92	东方明珠	Dōngfāng míngzhū	The Oriental Pearl Tower; Oriental Pearl TV Tower; the Oriental Pearl TV Tower
93	天堂	Tiāntáng	Paradise; heaven
94	一国两制	Yīguó liǎngzhì	One nation, two systems
95	典范	Diǎnfàn	Model; example; paragon
96	全世界	Quán shìjiè	The whole world; the whole creation

97	出名	Chūmíng	Famous; well-known
98	可以说	Kěyǐ shuō	It is not too much to say; it is too much to say; so to speak
99	海南	Hǎinán	Hainan
100	海口	Hǎikǒu	Seaport
101	省份	Shěngfèn	Province
102	赤道	Chìdào	The equator; the celestial equator
103	一年四季	Yī nián sìjì	At all seasons; all the year round; four seasons of the year; throughout the year
104	常年	Chángnián	Throughout the year; perennial; year in year out; average year
105	炎热	Yánrè	Scorching; blazing; burning hot; torridness
106	冬季	Dōngjì	Winter
107	过来	Guòlái	Come over; come up; can manage
108	越冬	Yuèdōng	Overwintering; live through the winter
109	重工业	Zhòng gōngyè	Heavy industry; large-scale industry
110	质量好	Zhìliàng hǎo	Have quality; high quality
111	优美	Yōuměi	Graceful; fine; exquisite

Chinese (中文)

中国东部地区指的是东部沿海地区，位于太平洋东岸。包括北京，天津，河北，山东，江苏，上海，福建，浙江，台湾，广东，香港，澳门，海南。东部地区是中国最发达的地区，这里有政治中心——北京，经济中心——上海，下面来一一介绍。

北京市，中国的首都，政治，文化中心，四大直辖市之一，简称"京"。北京有着悠久的历史，是很多代王朝的古都，像天安门，故宫，颐和园，圆明园这些建筑都是从古流传至今的，从中我们可以看出历史的痕迹。同时，作为中国首都，北京又是一座国际化的大都市。我国的顶尖学府北京大学，清华大学坐落于此处，为祖国源源不断的培养了许多人才。

天津市，四大直辖市之一，简称"津"。和北京一样，天津也有着悠久的历史文化，作为一个沿海城市，天津的兴起与发展与河流海洋有着密切的联系，古时候的天津是大运河的交通枢纽，现在的天津是重要的沿海开放城市，对外开放水平高，经济发展也十分迅速。

河北省，简称"冀"，环绕着北京和天津。在古代，河北是十分重要的战略要地，为历代王朝沿用。现在的河北省也保留着许许多多的名胜古迹，是国家的文物大省，例如赵州桥，定州塔。

山东省简称"鲁"，省会城市是济南。得天独厚的地理位置使得山东的发展十分迅速，区域内水资源，农作物资源，矿产资源等资源都十分富饶，而且山东还是孔子的故乡，有着丰厚的历史文化底蕴。

江苏省简称"苏"，省会城市是南京。江苏的面积虽然不大，但是常住人口多，经济也十分发达。江苏不仅仅经济力量雄厚，教育文化也不容小觑，著名的南京大学，东南大学等高校也位于此处，教育氛围十分浓厚。众所周知，江苏是一个宜居的地方，也正因如此，江苏在未来还将取得更进一步的发展。

上海，四大直辖市之一，简称"沪"，中国的经济中心，面积只有六千多平方公里，但是人口十分密集，同时也是世界上人口最多的城市之一，而且城镇化水平特别高。作为国际化大都市，上海与许多国家有着密切友好的联系和合作。

浙江简称"浙"，省会城市是杭州。"上有天堂下有苏杭"中的"杭"指的便是杭州，杭州西湖也是享有盛名的旅游景点。浙江因钱塘江而得名，因为历史上的钱塘江就叫浙江。浙江也是一个多山多水多湖泊的地方，区域内森林覆盖率高，环境优美，交通也十分便利，经济发展水平高。

福建省，简称"闽"，省会城市是福州，福建的森林覆盖率很高，达到 66.8%，在全国排名第一。相较于其他的沿海城市，福建的经济发展水平不是那么的高。省内还有少数名族聚集，较为广泛的就是畲族，此外还有回族，高山族等等，正因如此，福建省的方言比较多，地方特色明显。较为有名的旅游城市是厦门，鼓浪屿，厦门大学也都是十分出名的。

台湾省，简称"台"，省会城市是台北，台湾和其他省不太一样的地方就是台湾不在大陆，它作为一个岛屿与内陆隔海相望，但不可否认的是台湾自古以来就是中国的一部分，不可分割的一部分。

广东省，简称"粤"，省会城市是广州，广东省也是一个人口大省和经济大省，尤其是珠江三角洲地区，人口密集，经济发展水平高，而且对外开放水平也很高。

香港，特别行政区之一，于 1997 年 7 月 1 日回归，与内陆实行不一样的制度，简称"一国两制"，内陆实行社会主义制度，香港实行资本主义制度，但必须坚持一个中国的原则。香港的经济发展水平也很高，有"东方明珠"，"购物者天堂"之说。

澳门，特别行政区之一，于 1999 年 12 月 20 号回归，和香港一样，实行一国两制制度，澳门回归中国后，发展十分迅速，不但没有滞后，反而迅猛发展，是成功的典范。澳门也是一座赌城，在全世界都十分出名，可以说是经济的巨大支撑。

海南，简称"琼"，省会城市是海口，中国最南端的省份。由于位于赤道附近，海南的天气一年四季如夏，常年天气炎热，适合冬季过来越冬。而且区域内重工业少，主要以农业为主，空气质量好，环境优美。

Pinyin (拼音)

Zhōngguó dōngbù dìqū zhǐ de shì dōngbù yánhǎi dìqū, wèiyú tàipíngyáng dōng àn. Bāokuò běijīng, tiānjīn, héběi, shāndōng, jiāngsū, shànghǎi, fújiàn, zhèjiāng, táiwān, guǎngdōng, xiānggǎng, àomén, hǎinán. Dōngbù dìqū shì zhōngguó zuì fādá dì dìqū, zhè li yǒu zhèngzhì zhōngxīn——běijīng, jīngjì zhōngxīn——shànghǎi, xiàmiàn lái yīyī jièshào.

Běijīng shì, zhōngguó de shǒudū, zhèngzhì, wénhuà zhōngxīn, sì dà zhíxiáshì zhī yī, jiǎnchēng "jīng". Běijīng yǒuzhe yōujiǔ de lìshǐ, shì hěnduō dài wángcháo de gǔdū, xiàng tiān'ānmén, gùgōng, yíhéyuán, yuánmíngyuán zhèxiē jiànzhú dōu shì cóng gǔ liúchuán zhìjīn de, cóngzhōng wǒmen kěyǐ kàn chū lìshǐ de hénjī. Tóngshí, zuòwéi zhōngguó shǒudū, běijīng yòu shì yīzuò guójì huà de dà dūshì. Wǒguó de dǐngjiān xuéfǔ běijīng dàxué, qīnghuá dàxué zuòluò yú cǐ chù, wèi zǔguó yuányuán bùduàn de péiyǎngle xǔduō réncái.

Tiānjīn shì, sì dà zhíxiáshì zhī yī, jiǎnchēng "jīn". Héběijīng yīyàng, tiānjīn yěyǒuzhe yōujiǔ de lìshǐ wénhuà, zuòwéi yīgè yánhǎi chéngshì, tiānjīn de xīngqǐ yǔ fāzhǎn yǔ héliú hǎiyáng yǒuzhe mìqiè de liánxì, gǔ shíhòu de tiānjīn shì dà yùnhé de jiāotōng shūniǔ, xiànzài de tiānjīn shì zhòngyào de yánhǎi kāifàng chéngshì, duìwài kāifàng shuǐpíng gāo, jīngjì fāzhǎn yě shífēn xùnsù.

Héběi shěng, jiǎnchēng "jì", huán rào zhuó běijīng hé tiānjīn. Zài gǔdài, héběi shì shí fèn zhòngyào de zhànlüè yào dì, wèi lìdài wángcháo yányòng. Xiànzài de hé běi shěng yě bǎoliúzhe xǔ xǔduō duō de míngshèng gǔjī, shì guójiā de wénwù dà shěng, lìrú zhào zhōu qiáo, dìng zhōu tǎ.

Shāndōng shěng jiǎnchēng "lǔ", shěnghuì chéngshì shì jǐnán. Détiāndúhòu dì dìlǐ wèizhì shǐdé shāndōng de fā zhǎn shífēn xùnsù, qūyù nèi shuǐ zīyuán, nóngzuòwù zīyuán, kuàngchǎn zīyuán děng zīyuán dōu shífēn fùráo, érqiě shāndōng háishì kǒngzǐ de gùxiāng, yǒuzhe fēnghòu de lìshǐ wénhuà dǐyùn.

Jiāngsū shěng jiǎnchēng "sū", shěnghuì chéngshì shì nánjīng. Jiāngsū de miànjī suīrán bù dà, dànshì chángzhù rénkǒu duō, jīngjì yě shífēn fādá. Jiāngsū bùjǐn jǐn jīngjì lìliàng xiónghòu, jiàoyù wénhuà yě bùróng xiǎo qù, zhùmíng de nánjīng dàxué, dōngnán dàxué děng gāoxiào yě wèiyú cǐ chù, jiàoyù fēnwéi shífēn nónghòu. Zhòngsuǒzhōuzhī, jiāngsū shì yīgè yí jū dì dìfāng, yě zhèng yīn rúcǐ, jiāngsū zài wèilái hái jiāng qǔdé gèng jìnyībù de fā zhǎn.

Shànghǎi, sì dà zhíxiáshì zhī yī, jiǎnchēng "hù", zhōngguó de jīngjì zhōngxīn, miànjī zhǐyǒu liùqiān duō píngfāng gōnglǐ, dànshì rénkǒu shífēn mìjí, tóngshí yěshì shìjiè shàng rénkǒu zuìduō de chéngshì zhī yī, érqiě chéngzhèn huà shuǐpíng tèbié gāo. Zuòwéi guójì huà dà dūshì, shànghǎi yǔ xǔduō guójiā yǒuzhe mìqiè yǒuhǎo de liánxì hé hézuò.

Zhèjiāng jiǎnchēng "zhè", shěnghuì chéngshì shì hángzhōu."Shàng yǒu tiāntáng xià yǒu sū háng" zhōng de "háng" zhǐ de biàn shì hángzhōu, hángzhōu xīhú yěshì xiǎngyǒu shèngmíng de lǚyóu jǐngdiǎn. Zhèjiāng yīn qiántáng jiāng ér dé míng, yīnwèi lìshǐ shàng de qiántáng jiāng jiù jiào zhèjiāng. Zhèjiāng yěshì yīgè duō shān duō shuǐ duō húbó dì dìfāng, qūyù nèi sēnlín fùgài lǜ gāo, huánjìng yōuměi, jiāotōng yě shífēn biànlì, jīngjì fāzhǎn shuǐpíng gāo.

Fújiàn shěng, jiǎnchēng "mǐn", shěnghuì chéngshì shì fúzhōu, fújiàn de sēnlín fùgài lǜ hěn gāo, dádào 66.8%, Zài quánguó páimíng dì yī. Xiāng jiào yú qítā de yánhǎi chéngshì, fújiàn de jīngjì fāzhǎn shuǐpíng bùshì nàme de gāo. Shěng nèi hái yǒu shǎo shǔ míng zú jùjí, jiàowéi guǎngfàn de jiùshì shēzú, cǐwài hái yǒu huízú, gāoshān zú děng děng, zhèng yīn rúcǐ, fújiàn shěng de fāngyán bǐjiào duō, dìfāng tèsè míngxiǎn. Jiàowéi yǒumíng de lǚyóu chéngshì shì xiàmén, gǔlàngyǔ, xiàmén dàxué yě dū shì shífēn chūmíng de.

Táiwān shěng, jiǎnchēng "tái", shěnghuì chéngshì shì táiběi, táiwān hé qítā shěng bù tài yīyàng dì dìfāng jiùshì táiwān bùzài dàlù, tā zuòwéi yīgè dǎoyǔ yǔ nèi lù gé hǎi xiàng wàng, dàn bùkě fǒurèn de shì táiwān zìgǔ yǐlái jiùshì zhōngguó de yībùfèn, bùkě fēngē de yībùfèn.

Guǎngdōng shěng, jiǎnchēng "yuè", shěnghuì chéngshì shì guǎngzhōu, guǎngdōng shěng yěshì yīgè rénkǒu dà shěng hé jīngjì dà shěng, yóuqí shì zhūjiāng sānjiǎozhōu dìqū, rénkǒu mìjí, jīngjì fāzhǎn shuǐpíng gāo, érqiě duìwài kāifàng shuǐpíng yě hěn gāo.

Xiānggǎng, tèbié xíngzhèngqū zhī yī, yú 1997 nián 7 yuè 1 rì huíguī, yǔ nèi lù shíxíng bù yīyàng de zhìdù, jiǎnchēng "yīguóliǎngzhì", nèi lù shíxíng shèhuì zhǔyì zhìdù, xiānggǎng shíxíng zīběn zhǔyì zhìdù, dàn bìxū jiānchí yīgè zhōngguó de yuánzé. Xiānggǎng de jīngjì fāzhǎn shuǐpíng yě hěn gāo, yǒu "dōngfāngmíngzhū","gòuwù zhě tiāntáng" zhī shuō.

Àomén, tèbié xíngzhèngqū zhī yī, yú 1999 nián 12 yuè 20 hào huíguī, hé xiānggǎng yīyàng, shíxíng yīguóliǎngzhì zhìdù, àomén huíguī zhōngguó hòu, fāzhǎn shífēn xùnsù, bùdàn méiyǒu zhìhòu, fǎn'ér xùnměng fāzhǎn, shì chénggōng de diǎnfàn. Àomén yěshì yīzuò dǔ chéng, zài quán shìjiè dōu shífēn chūmíng, kěyǐ shuō shì jīngjì de jùdà zhīchēng.

Hǎinán, jiǎnchēng "qióng", shěnghuì chéngshì shì hǎikǒu, zhōngguó zuì nánduān dì shěngfèn. Yóuyú wèiyú chìdào fùjìn, hǎinán de tiānqì yī nián sìjì rú xià, chángnián tiānqì yánrè, shìhé dōngjì guòlái yuèdōng. Érqiě qūyù nèi zhònggōngyè shǎo, zhǔyào yǐ nóngyè wéi zhǔ, kōngqì zhí liàng hǎo, huánjìng yōuměi.

WESTERN CHINA (中国西部)

1	陕西省	Shǎnxī shěng	Shaanxi province
2	省会城市	Shěnghuì chéngshì	Provincial capital city
3	陕西	Shǎnxī	Shaanxi
4	横跨	Héng kuà	Stretch over; stretch across
5	依山傍水	Yī shān bàng shuǐ	Be situated at the foot of a hill and beside a stream
6	兵马俑	Bīngmǎyǒng	The Terracotta Army (Warriors/Soldiers)
7	举世闻名	Jǔshì wénmíng	Be known to all the world; of world renown; be world-famous
8	旅游景点	Lǚyóu jǐngdiǎn	Tourist attraction; tourist attractions; scenic spot
9	在古代	Zài gǔdài	In ancient times; in the old days; in the ancient time
10	都城	Dūchéng	Capital (of a country); manor for a minister
11	四川省	Sìchuān shěng	Sichuan; Sichuan province
12	省会城市	Shěnghuì chéngshì	Provincial capital city
13	天府之国	Tiānfǔzhīguó	The land of abundance; the land of plenty
14	物产	Wùchǎn	Products; produce
15	旅游资源	Lǚyóu zīyuán	Tourism resources; tourist resources; Resource
16	九寨沟	Jiǔzhàigōu	Jiuzaigou; Jiuzhai valley
17	峨眉山	Éméishān	Mount Emei (in Sichuan Province)
18	川剧	Chuānjù	Sichuan opera
19	川菜	Chuāncài	Sichuan dishes

20	重庆市	Chóngqìng shì	Chongqing; Chongqing municipality
21	被称为	Bèi chēng wèi	Known as; be known as; be called
22	山城	Shānchéng	Mountain city
23	一路上	Yī lùshàng	All the way; throughout the journey
24	顺风车	Shùnfēng chē	Lift; free ride
25	经济发展	Jīngjì fāzhǎn	Economic development
26	云南省	Yúnnán shěng	Yunnan; Yunnan province
27	昆明	Kūnmíng	Kunming (in Yunnan)
28	一年四季	Yī nián sìjì	At all seasons; all the year round; four seasons of the year; throughout the year
29	富饶	Fùráo	Richly endowed; fertile; abundant; rich
30	丽江古城	Lìjiāng gǔchéng	Old Town of Lijiang; Lijiang Old Town; The Old Town of Lijiang
31	地方特色	Dìfāng tèsè	Local color; FEATURE; Local features
32	贵州省	Guìzhōu shěng	Guizhou Province; Kweichow; Province du Guizhou
33	贵阳	Guìyáng	Guiyang city (capital of Guizhou)
34	南大门	Nán dàmén	The Namdaemun, or Great Southern Gate
35	贵州	Guìzhōu	Guizhou
36	自然景观	Zìrán jǐngguān	Natural amenity
37	甘肃省	Gānsù shěng	Gansu; Gansu province
38	在一起	Zài yīqǐ	Be together; hold together
39	在这里	Zài zhèlǐ	Here; Here it is; over here
40	雪山	Xuěshān	Snow mountain
41	青海省	Qīnghǎi shěng	Qinghai province
42	西宁	Xīníng	Xining (the capital of Qinghai)
43	青海	Qīnghǎi	Qinghai
44	山地	Shāndì	Mountainous region; hilly area; hilly

			country; fields on a hill
45	不适合	Bù shìhé	Unsuited; inadequacy; inconvenience
46	稀少	Xīshǎo	Few; rare; scarce; few and far between
47	广西壮族自治区	Guǎngxī zhuàngzú zìzhìqū	The Guangxi Zhuang Autonomous Region
48	少数民族	Shǎoshù mínzú	Minority nationality; national minority
49	自治区	Zìzhìqū	Autonomous region
50	此地	Cǐdì	This place; here
51	瑶族	Yáozú	The Yao nationality, distributed over the Guangxi Zhuang Autonomous Region, Hunan, Yunan, Guangdong and Guizhou
52	苗族	Miáozú	The Miao nationality, distributed over Guizhou
53	宁夏回族自治区	Níngxià huízú zìzhìqū	The Ningxia Hui Autonomous Region
54	宁夏	Níngxià	Ningxia
55	美称	Měichēng	Laudatory title; good name
56	黄河	Huánghé	The Huanghe River; the Yellow River
57	此处	Cǐ chù	This place, here
58	阻挡	Zǔdǎng	Stop; stem; resist; obstruct
59	冷空气	Lěng kōng qì	Cold air
60	西藏自治区	Xīzàng zìzhìqū	Tibet autonomous region
61	西藏	Xīzàng	Xizang; Tibet
62	世界上	Shìjiè shàng	On earth
63	山脉	Shānmài	Mountain range; mountain chain; ridge

64	珠穆朗玛峰	Zhūmù lǎngmǎ fēng	Mount Qomolangma; Mount Everest
65	海拔	Hǎibá	Height; height above sea level; elevation
66	地广人稀	Dì guǎng rén xī	Vast but thinly populated area
67	新疆维吾尔自治区	Xīnjiāng wéiwú'ěr zìzhìqū	The Xinjiang Uygur Autonomous Region
68	新疆	Xīnjiāng	Xinjiang
69	维吾尔族	Wéiwú'ěr zú	The Uygur (or Uighur) ethnic group; the Uyghurs (or Uighurs) (inhabiting Xinjiang Uygur Autonomous Region)
70	首府	Shǒufǔ	The prefecture where the provincial capital is located
71	乌鲁木齐	Wūlǔmùqí	Urumqi
72	总面积	Zǒng miànjī	Gross area
73	六分之一	Liù fēn zhī yī	One-sixth
74	内蒙古自治区	Nèiménggǔ zìzhìqū	The Inner Mongolia Autonomous Region
75	简称	Jiǎnchēng	The abbreviated form of a name; abbreviation; shorter form
76	说起	Shuō qǐ	Bring up; begin talking about; as for; with regard to
77	第一印象	Dì yī yìnxiàng	First impression; First Impressions; First Image
78	大草原	Dà cǎoyuán	Pampa
79	广阔	Guǎngkuò	Vast; wide; spacious; expansive
80	草原	Cǎoyuán	Grasslands; steppe; prairie
81	畜牧业	Xùmù yè	Animal husbandry
82	诞生	Dànshēng	Be born; come into the world

Chinese (中文)

陕西省，简称"陕"或"秦"，省会城市是西安。陕西横跨长江和黄河，依山傍水。陕西西安的兵马俑举世闻名，也是著名的旅游景点。不难发现，陕西在古代被很多王朝定为都城，所以兵马俑的发现也是有其道理的。

四川省，简称"川"或"蜀"，省会城市是成都，四川也被人称为"天府之国"，原因就是四川物产丰富，工业农业都十分发达。旅游资源也很丰富，例如九寨沟，峨眉山等等，四川还有富有地域文化的川剧，川菜在全国也十分出名，口味偏麻，辣。

重庆市，简称"渝"，四大直辖市之一，重庆多山，也被称为"山城"。一带一路上的重要城市，重庆也因此搭上了发展的顺风车，经济发展十分迅速。

云南省，简称"云"或"滇"，省会城市是昆明，位于中国的西南部，与邻国接壤。由于气候一年四季如春，云南的农业十分发达，农作物资源和水果资源十分富饶，同时，云南的丽江古城也是极具地方特色的。

贵州省，简称"贵"或"黔"，省会城市是贵阳，和云南一样，也是作为中国的"南大门"，贵州的也是少数名族的聚集地，同时，贵州的自然风光十分优美，喀斯特地貌是很独特的自然景观。

甘肃省，简称"甘"或"陇"，省会城市是兰州，该地区地形十分复杂，山脉河流错综复杂交错在一起，所以在这里既能见到森林，又能见到草原，还能见到雪山，自然景观十分多样。

青海省，简称"青"，省会城市是西宁，由于青海以高原山地为主，很多地方都不适合人类居住，所以人口比较稀少。

广西壮族自治区，广西简称"桂"，五大少数民族自治区之一，看名字就知道，广西是壮族聚集的地方，但其实除了壮族，还有很多少数名族居住在此地，例如瑶族，苗族，据统计，广西是全国少数民族人口最多的地方，其中，壮族的人口占大部分比例。

宁夏回族自治区，宁夏简称"宁"，五大少数民族自治区之一，有"塞上江南"的美称，因为黄河流经此处，带来了丰富的资源，而且有山脉阻挡北下的冷空气。

西藏自治区，西藏简称"藏"。五大少数民族自治区之一，有着世界上最高的山脉——珠穆朗玛峰山脉，海拔 8845 米，西藏的平均海拔也有 4500 米，可见其海拔之高，气候寒冷，不适合人类居住，所以西藏是一个地广人稀的地方。

新疆维吾尔自治区，简称新疆，五大少数民族自治区之一，是维吾尔族聚集地，首府是乌鲁木齐。同时新疆也是中国面积最大的省份，大约占中国总面积的六分之一。

内蒙古自治区，简称内蒙古。说起内蒙古，人们的第一印象就是大草原，确实如此，内蒙古有广阔的草原，畜牧业十分发达，像著名的蒙牛，伊利等品牌就诞生于此。

Pinyin (拼音)

Shǎnxī shěng, jiǎnchēng "shǎn" huò "qín", shěnghuì chéngshì shì xī'ān. Shǎnxī héng kuà chángjiāng hé huánghé, yī shān bàng shuǐ. Shǎnxī xī'ān dì bīngmǎyǒng jǔshì wénmíng, yěshì zhùmíng de lǚyóu jǐngdiǎn. Bù nán fāxiàn, shǎnxī zài gǔdài bèi hěnduō wángcháo dìng wèi dūchéng, suǒyǐ bīngmǎyǒng de fā xiàn yěshì yǒu qí dàolǐ de.

Sìchuān shěng, jiǎnchēng "chuān" huò "shǔ", shěnghuì chéngshì shì chéngdū, sìchuān yě bèi rénchēng wèi "tiānfǔzhīguó", yuányīn jiùshì sìchuān wùchǎn fēngfù, gōngyè nóngyè dōu shífēn fādá. Lǚyóu zīyuán yě hěn fēngfù, lìrú jiǔzhàigōu, éméishān děng děng, sìchuān hái yǒu fùyǒu dìyù wénhuà de chuānjù, chuāncài zài quánguó yě shífēn chūmíng, kǒuwèi piān má, là.

Chóngqìng shì, jiǎnchēng "yú", sì dà zhíxiáshì zhī yī, chóngqìng duō shān, yě bèi chēng wèi "shānchéng". Yīdài yī lùshàng de zhòngyào chéngshì, chóngqìng yě yīncǐ dā shàngle fāzhǎn de shùnfēng chē, jīngjì fāzhǎn shífēn xùnsù.

Yúnnán shěng, jiǎnchēng "yún" huò "diān", shěnghuì chéngshì shì kūnmíng, wèiyú zhōngguó de xīnán bù, yǔ lín guó jiērǎng. Yóuyú qìhòu yī nián sìjì rú chūn, yúnnán de nóngyè shífēn fādá, nóngzuòwù zīyuán hé shuǐguǒ zīyuán shífēn fùráo, tóngshí, yúnnán de lìjiāng gǔchéng yěshì jí jù dìfāng tèsè de.

Guìzhōu shěng, jiǎnchēng "guì" huò "qián", shěnghuì chéngshì shì guìyáng, hé yúnnán yīyàng, yěshì zuòwéi zhōngguó de "nán dàmén", guìzhōu de yěshì shǎo shù míng zú de jùjí de, tóngshí, guìzhōu de zìrán fēngguāng shífēn yōuměi, kāsītè dìmào shì hěn dútè de zìrán jǐngguān.

Gānsù shěng, jiǎnchēng "gān" huò "lóng", shěnghuì chéngshì shì lánzhōu, gāi dìqū dìxíng shífēn fùzá, shānmài héliú cuòzōngfùzá jiāocuò zài yīqǐ, suǒyǐ zài zhèlǐ jì néng jiàn dào sēnlín, yòu néng jiàn dào cǎoyuán, hái néng jiàn dào xuěshān, zìrán jǐngguān shífēn duōyàng.

Qīnghǎi shěng, jiǎnchēng "qīng", shěnghuì chéngshì shì xīníng, yóuyú qīnghǎi yǐ gāoyuán shāndì wéi zhǔ, hěnduō dìfāng dōu bù shìhé rénlèi jūzhù, suǒyǐ rénkǒu bǐjiào xīshǎo.

Guǎngxī zhuàngzú zìzhìqū, guǎngxī jiǎnchēng "guì", wǔdà shào shù mínzú zìzhìqū zhī yī, kàn míngzì jiù zhīdào, guǎngxī shì zhuàngzú jùjí dì dìfāng, dàn qíshí chúle zhuàngzú, hái yǒu hěnduō shǎo shù míng zú jūzhù zài cǐdì, lìrú yáozú, miáozú, jù tǒngjì, guǎngxī shì quánguó shǎo shù mínzú rénkǒu zuìduō dì dìfāng, qízhōng, zhuàngzú de rénkǒu zhàn dà bùfèn bǐlì.

Níngxià huízú zìzhìqū, níngxià jiǎnchēng "níng", wǔdà shào shù mínzú zìzhìqū zhī yī, yǒu "sāi shàng jiāngnán" dì měichēng, yīnwèi huánghé liú jīng cǐ chù, dài láile fēngfù de zīyuán, érqiě yǒu shānmài zǔdǎng běi xià de lěng kōngqì.

Xīzàng zìzhìqū, xīzàng jiǎnchēng "cáng". Wǔdà shào shù mínzú zìzhìqū zhī yī, yǒuzhe shìjiè shàng zuìgāo de shānmài——zhūmùlǎngmǎ fēng shānmài, hǎibá 8845 mǐ, xīzàng de píngjūn hǎibá yěyǒu 4500 mǐ, kějiàn qí hǎibá zhī gāo, qìhòu hánlěng, bù shìhé rénlèi jūzhù, suǒyǐ xīzàng shì yīgè dì guǎng rén xī dì dìfāng.

Xīnjiāng wéiwú'ěr zìzhìqū, jiǎnchēng xīnjiāng, wǔdà shào shù mínzú zìzhìqū zhī yī, shì wéiwú'ěr zú jùjí de, shǒufǔ shì wūlǔmùqí. Tóngshí xīnjiāng yěshì zhōngguó miànjī zuìdà de shěngfèn, dà yuē zhàn zhōngguó zǒng miànjī de liù fēn zhī yī.

Nèiménggǔ zìzhìqū, jiǎnchēng nèiménggǔ. Shuō qǐ nèiménggǔ, rénmen de dì yī yìnxiàng jiùshì dà cǎoyuán, quèshí rúcǐ, nèiménggǔ yǒu guǎngkuò de cǎoyuán, xùmù yè shífēn fādá, xiàng zhùmíng de méngniú, yīlì děng pǐnpái jiù dànshēng yú cǐ.

FIVE MOUNTAINS IN CHINA (中国五大山脉)

1	泰山	Tàishān	Mount Taishan; Mount Tai
2	山东省	Shāndōng shěng	Shandong province
3	一千	Yīqiān	A thousand
4	五百多	Wǔbǎi duō	Five hundred more
5	五岳	Wǔyuè	The Five Mountains
6	看做	Kàn zuò	Look upon as; regard as; take as
7	心目	Xīnmù	Mind; inward eye; mental view; mind's eye
8	领略	Lǐnglüè	Have a taste of; realize; appreciate
9	壮丽	Zhuànglì	Majestic; magnificent; glorious
10	熏陶	Xūntáo	Exert a gradual, uplifting influence on; nurture
11	衡山	Héngshān	Hengshan Mountain in Hunan
12	湖南	Húnán	Hunan
13	中部	Zhōngbù	Central section; middle part; intermediate section
14	海拔	Hǎibá	Height; height above sea level; elevation
15	纬度	Wěidù	Latitude
16	风景	Fēngjǐng	Scenery; landscape
17	秀美	Xiùměi	Graceful; elegant
18	崇山峻岭	Chóngshān jùnlǐng	High mountains and lofty hills; lofty mountains and high ranges
19	郁郁葱葱	Yùyù cōngcōng	A wild profusion of vegetation
20	西岳	Xīyuè	The Western Mountain

			(Mount Hua in Shaanxi Province)
21	华山	Huàshān	Mount Hua (in Shaanxi Province)
22	陕西	Shǎnxī	Shaanxi
23	天下第一	Tiānxià dì yī	The best in all the land; the first under heaven; unequalled
24	称号	Chēnghào	Title; name; designation
25	处处	Chùchù	Everywhere; in all respects
26	悬崖峭壁	Xuányá qiàobì	Precipitous rock faces and sheer cliffs
27	恒山	Héngshān	Hengshan (mountain in Hebei and Shānxī)
28	山西省	Shānxī shěng	Shanxi province
29	地势	Dìshì	Physical features of a place; relief; terrain; topography
30	险要	Xiǎnyào	Strategically located and difficult of access
31	自古以来	Zìgǔ yǐlái	From ancient times to the present; down the ages; from everlasting; from the old
32	兵家	Bīngjiā	Military strategist in ancient China
33	必争之地	Bì zhēng zhī dì	A hotly contested spot
34	嵩山	Sōngshān	Songshan Mountain; Mount Song; Shaolin; Song Mountain
35	河南省	Hénán shěng	Henan; Henan province
36	山峰	Shānfēng	Mountain peak; mountain; knob
37	寺庙	Sìmiào	House of god; temple
38	少林寺	Shàolínsì	Shaolin Temple (or

			Monastery) (at the foot of Mount Song in Henan Province, where Shaolin Kungfu was developed)
39	电视剧	Diànshì jù	TV play/drama
40	武功	Wǔ gōng	Military accomplishments
41	了得	Liǎo dé	Terrible; horrible

Chinese (中文)

东岳泰山。泰山位于山东省，海拔一千五百多米，在五岳当中不算高，只排第三，但是人们把泰山看做五岳之首，可见泰山在人们心目中的地位有多高。泰山既能领略壮丽的自然风光，又能感受到文化的熏陶。

南岳衡山。衡山位于湖南中部，海拔 1290 米，由于纬度比较低，衡山的气候条件是比较好的，自然风景也十分秀美，崇山峻岭，郁郁葱葱。

西岳华山。华山位于陕西西安市，海拔 2200 米，在五岳当中是属于比较高的，而且华山不仅高，还险，有"天下第一险山"的称号，因为华山处处都是悬崖峭壁。

北岳恒山。恒山位于山西省，在五岳之中，恒山是最高的，面积大海拔高，与华山一样，恒山的地势也是十分险要的，自古以来，恒山就是兵家必争之地，可见其战略意义。

中岳嵩山。嵩山位于河南省，海拔一千五百多米。嵩山不仅山峰多，寺庙也多，其中最为有名的便是少林寺，相信看到电视剧的都知道中国少林寺培养出来的人个个都是武功了得。

Pinyin (拼音)

Dōng yuè tàishān. Tàishān wèiyú shāndōng shěng, hǎibá yīqiān wǔbǎi duō mǐ, zài wǔyuè dāngzhōngbù suàn gāo, zhǐ pái dì sān, dànshì rénmen bǎ tàishān kàn zuò wǔyuè zhī shǒu, kějiàn tàishān zài rénmen xīnmù zhōng dì dìwèi yǒu duō gāo. Tàishān jì néng lǐnglüè zhuànglì de zìrán fēngguāng, yòu néng gǎnshòu dào wénhuà de xūntáo.

Nányuè héngshān. Héngshān wèiyú húnán zhōng bù, hǎibá 1290 mǐ, yóuyú wěidù bǐjiào dī, héngshān de qìhòu tiáojiàn shì bǐjiào hǎo de, zìrán fēngjǐng yě shífēn xiùměi, chóngshānjùnlǐng, yùyùcōngcōng.

Xīyuè huàshān. Huàshān wèiyú shǎnxī xī'ān shì, hǎibá 2200 mǐ, zài wǔyuè dāngzhōng shì shǔyú bǐjiào gāo de, érqiě huàshān bùjǐn gāo, hái xiǎn, yǒu "tiānxià dì yī xiǎn shān" de chēnghào, yīnwèi huàshān chùchù dōu shì xuányá qiàobì.

Běiyuè héngshān. Héngshān wèiyú shānxī shěng, zài wǔyuè zhī zhōng, héngshān shì zuìgāo de, miànjī dà hǎibá gāo, yǔ huàshān yīyàng, héngshān dì dìshì yěshì shífēn xiǎnyào de, zìgǔ yǐlái, héngshān jiùshì bīngjiā bì zhēng zhī dì, kějiàn qí zhànlüè yìyì.

Zhōngyuè sōngshān. Sōngshān wèiyú hénán shěng, hǎibá yīqiān wǔbǎi duō mǐ. Sōngshān bùjǐn shānfēng duō, sìmiào yě duō, qízhōng zuìwéi yǒumíng de biàn shì shàolínsì, xiāngxìn kàn dào diànshìjù de dōu zhīdào zhōngguó shàolínsì péiyǎng chūlái de rén gè gè dōu shì wǔ gōng liǎo dé.

TWO MAJOR RIVERS IN CHINA (中国两大河流)

1	长河	Chánghé	Long river; endless flow; long process
2	仅次于	Jǐn cì yú	Second only to
3	尼罗河	Níluóhé	The Nile
4	南美洲	Nán měizhōu	South America
5	亚马逊河	Yàmǎxùn hé	Amazon; Amazon River; the Amazon
6	发源于	Fāyuán yú	Take its source at
7	入海口	Rù hǎikǒu	Estuary; entrance
8	上海市	Shànghǎi shì	Shanghai; Shanghai municipality
9	黄河	Huánghé	The Huanghe River; the Yellow River
10	考古	Kǎogǔ	Engage in archaeological studies; archaeology
11	被发现	Pī fà xiàn	Be discovered; be found; come to light
12	长江流域	Chángjiāng liúyù	The drainage areas of the Yangtze River
13	古时	Gǔ shí	Antiquity
14	重现	Chóng xiàn	Reappear; reproduce
15	中华文明	Zhōnghuá wénmíng	Chinese civilization
16	论断	Lùnduàn	Inference; judgment; thesis
17	推翻	Tuīfān	Overthrow; overturn; topple
18	孕育	Yùnyù	Be pregnant with; breed; inoculation

19	在未来	Zài wèilái	In the future; in future; In the next; Into the future
20	农作物	Nóngzuòwù	Crops
21	中华民族	Zhōnghuá mínzú	The Chinese people/nation/ethnic group
22	母亲河	Mǔqīn hé	Mother river
23	中段	Zhōngduàn	Middle part
24	黄土高原	Huángtǔ gāoyuán	Loess plateau
25	含沙量	Hán shā liàng	Silt content
26	被称为	Bèi chēng wèi	Known as; be known as; be called
27	发源地	Fāyuán dì	Seminary; headstream; home
28	温带	Wēndài	Temperate zone
29	土壤肥力	Tǔrǎng féilì	Soil fertility
30	种植	Zhòngzhí	Plant; grow; raise; cultivate
31	作物	Zuòwù	Crop
32	河水	Héshuǐ	River water
33	灌溉	Guàngài	Irrigate; irrigation; watering
34	农耕	Nónggēng	Peasant tiller
35	大河	Dàhé	Great river
36	古国	Gǔguó	Ancient state

Chinese (中文)

长江是中国最长的河流，也是世界第三长河，仅次于非洲的尼罗河和南美洲的亚马逊河。

位于亚洲东部，发源于中国唐古拉山脉的沱沱河，入海口位于上海市，自西向东流经中国十一个省份，流域面积约是黄河的两倍。随着考古发现，马家浜文化早期的罗家角遗址，河姆渡遗址等陆续被发现，长江流域的古时文明重现世界，黄河文明即中华文明的论断被推翻。长江流域孕育了最早的稻做农业，使水稻在未来逐渐成为了中华文明的主要农作物，影响了中华文明的发展，使长江与黄河并称为中华民族的母亲河。

黄河是中国第二长的河流。由于黄河中段流经黄土高原，河流含沙量大，河水颜色为黄色，因此被称为黄河。黄河发源于青藏高原巴颜喀拉山北麓的约古宗列盆地，自西向东流经中国九个省份，最终注入渤海湾。黄河是中华文明的发源地，被中国人称为母亲河，黄河中部是温带季风性气候，温暖湿润，同时当时的黄土高原土壤肥力很好，当地可种植作物多，河水满足农作物的灌溉需要，为人们生存的提供了良好的环境。形成了以农耕经济为基础的大河文明，使古中国成为四大文明古国之一。

Pinyin (拼音)

Chángjiāng shì zhōngguó zuì zhǎng de héliú, yěshì shìjiè dì sān chánghé, jǐn cì yú fēizhōu de níluóhé hé nán měizhōu de yàmǎxùn hé.

Wèiyú yàzhōu dōngbù, fāyuán yú zhōngguó tánggǔlā shānmài de tuó tuó hé, rù hǎikǒu wèiyú shànghǎi shì, zì xīxiàng dōng liú jīng zhōngguó shíyī gè shěngfèn, liúyù miànjī yuē shì huánghé de liǎng bèi. Suízhe kǎogǔ fāxiàn, mǎ jiā bāng wénhuà zǎoqí de luō jiā jiǎo yízhǐ, hémǔdù yízhǐ děng lùxù pī fà xiàn, chángjiāng liúyù de gǔ shí wénmíng chóng xiàn shìjiè, huánghé wénmíng jí zhōnghuá wénmíng dì lùnduàn bèi tuīfān. Chángjiāng liúyù yùnyùle zuìzǎo de dào zuò nóngyè, shǐ shuǐdào zài wèilái zhújiàn chéngwéile zhōnghuá wénmíng de zhǔyào nóngzuòwù, yǐngxiǎngle zhōnghuá wénmíng de fǎ zhǎn, shǐ chángjiāng yǔ huánghé bìng chēng wéi zhōnghuá mínzú de mǔqīn hé.

Huánghé shì zhōngguó dì èr cháng de héliú. Yóuyú huánghé zhōngduàn liú jīng huángtǔ gāoyuán, héliú hán shā liàng dà, héshuǐ yánsè wèi huángsè, yīncǐ bèi chēng wèi huánghé. Huánghé fāyuán yú qīngzàng gāoyuán bā yán kā lā shān běi lù de yuē gǔ zōng liè péndì, zì xīxiàng dōng liú jīng zhōngguó jiǔ gè shěngfèn, zuìzhōng zhùrù bóhǎi wān. Huánghé shì zhōnghuá wénmíng de fā yuán dì, bèi zhōngguó rénchēng wèi mǔqīn hé, huánghé zhōngbù shì wēndài jìfēng xìng qìhòu, wēnnuǎn shīrùn, tóngshí dāngshí de huángtǔ gāoyuán tǔrǎng féilì hěn hǎo, dāngdì kě zhòngzhí zuòwù duō, héshuǐ mǎnzú nóngzuòwù de guàngài xūyào, wéi rénmen shēngcún de tígōngle liánghǎo de huánjìng. Xíngchéngle yǐ nónggēng jīngjì wèi jīchǔ de dàhé wénmíng, shǐ gǔ zhōngguó chéngwéi sì dà wénmíng gǔguó zhī yī.

CHINA'S CLIMATE (中国的气候)

1	全年	Quán nián	Annual; yearly
2	多雨	Duōyǔ	Rainy
3	集中在	Jízhōng zài	Center at
4	年平均	Nián píngjūn	Annual mean
5	气温	Qìwēn	Air temperature; atmospheric temperature
6	摄氏度	Shèshìdù	Celsius degree; centigrade
7	云南	Yúnnán	Yunnan province
8	台湾	Táiwān	Taiwan
9	海南岛	Hǎinán dǎo	Hainan island
10	亚热带	Yàrèdài	Subtropical zone; subtropics
11	季风气候	Jìfēng qìhòu	Monsoon climate
12	降水	Jiàngshuǐ	Precipitation; rainfall
13	年降水量	Nián jiàng shuǐ liàng	Annual precipitation
14	淮河	Huáihé	Huai river
15	一线	Yīxiàn	A thread; a ray of; a gleam of
16	温带季风气候	Wēndài jìfēngqìhòu	Monsoon climate of medium latitudes
17	大陆性气候	Dàlù xìng qìhòu	Continental climate
18	山地气候	Shāndì qìhòu	Mountainous climate
19	气候变化	Qìhòu biànhuà	Climate change; climatic variation
20	青藏高原	Qīngzàng gāoyuán	Qinghai-Tibet plateau

Chinese (中文)

1、热带季风气候

气候特点：全年高温多雨，降水主要集中在夏季，一年分旱，雨两季。年平均气温在 20 摄氏度以上。

分布地区：云南南部，台湾南部，海南岛。

2、亚热带季风气候

气候特点：夏季高温多雨，冬季低温少雨，降水主要集中在夏季，年降水量在 800mm 以上。

分布地区：秦岭淮河一线以南的大部分地区。

3、温带季风气候

气候特点：夏季炎热多雨，冬季寒冷干燥，年降水量在 800mm 以下

分布地区：秦岭淮河一线以北的东北华北地区。

4、温带大陆性气候

气候特点：全年干旱少雨，冬季寒冷，夏季炎热。

分布地区：主要分布在我国的西北地区。

5、高原山地气候

气候特点：气候变化大，随海拔的升高温度不断降低。

分布地区：青藏高原。

Pinyin (拼音)

1, Rèdài jìfēngqìhòu

qìhòu tèdiǎn: Quán nián gāowēn duōyǔ, jiàngshuǐ zhǔyào jízhōng zài xiàjì, yī nián fēn hàn, yǔ liǎng jì. Nián píngjūn qìwēn zài 20 shèshìdù yǐshàng.

Fēnbù dìqū: Yúnnán nánbù, táiwān nánbù, hǎinán dǎo.

2, Yàrèdài jìfēngqìhòu

qìhòu tèdiǎn: Xiàjì gāowēn duōyǔ, dōngjì dīwēn shǎoyǔ, jiàngshuǐ zhǔyào jízhōng zài xiàjì, nián jiàngshuǐ liàng zài 800mm yǐshàng.

Fēnbù dìqū: Qínlǐng huáihé yīxiàn yǐ nán de dà bùfèn dìqū.

3, Wēndài jìfēngqìhòu

qìhòu tèdiǎn: Xiàjì yánrè duōyǔ, dōngjì hánlěng gānzào, nián jiàngshuǐ liàng zài 800mm yǐxià

fēnbù dìqū: Qínlǐng huáihé yīxiàn yǐ běi de dōngběi huáběi dìqū.

4, Wēndài dàlù xìng qìhòu

qìhòu tèdiǎn: Quán nián gānhàn shǎoyǔ, dōngjì hánlěng, xiàjì yánrè.

Fēnbù dìqū: Zhǔyào fēnbù zài wǒguó de xīběi dìqū.

5, Gāoyuán shāndì qìhòu

qìhòu tèdiǎn: Qìhòu biànhuà dà, suí hǎibá de shēng gāo wēndù bùduàn jiàngdī.

Fēnbù dìqū: Qīngzàng gāoyuán.

www.ingramcontent.com/pod-product-compliance
Lightning Source LLC
LaVergne TN
LVHW061950070526
838199LV00060B/4051